EDICT DV ROY

PORTANT NOVVELLE

fabrication d'especes d'argent, augmentation du Marc d'argent le Roy, & des Quarts d'escu, Testons, & Francs aux coins & armes de sa Maiesté estans de leur iuste poids : & continuation du cours des especes d'argent legeres auec le remede des grains, iusques au dernier Mars prochain ; & outre vn droit de Seigneuriage sur les ouurages d'Orfeurerie, & Tireurs d'or : Auec vne nouuelle eualuation.

Ensemble l'Arrest de verification en la Cour des Monnoyes, du 18. Nouembre 1641. aux exceptions y contenuës.

A PARIS,
Chez SEBASTIEN CRAMOISY, Imprimeur ordinaire du Roy, & de la Cour des Monnoyes, ruë S. Iacques, aux Cicognes.

M. DC. L.

Auec Priuilege de sa Maiesté.

LOVIS par la grace de Dieu Roy de France & de Nauarre. A tous presens & à venir, Salut. Nos Monnoyes d'or & d'argent, & autres ausquelles nous auons donné cours en ce Royaume, ayans depuis quelques années receu beaucoup d'alteration, & d'affoiblissement par la malice des faux monnoyeurs & rogneurs, Nous auons estimé que pour couper chemin à ce desordre & empescher qu'il n'arriue à l'aduenir, il falloit regler le prix des Monnoyes courantes à proportion du poids qui s'y trouueroit, & en fabriquer de nouuelles au moulin auec telle beauté & perfection, qu'il ne peust rester aux faux monnoyeurs aucun moyẽ de les contrefaire. Ce que nous auons ordonné par nos Lettres de Declaration du 24. Decembre 1639. & dernier Mars 1640. & fait commencer par le conuertissement des monnoyes d'or legeres, dont il a desia esté fabriqué pour prés de quarante millions de liures en especes de poids en nostre Monnoye au Moulin : ce qui a tellement occupé tous les ouuriers capables de cét ouurage, qu'il a esté impossible iusques à present de les employer à la fabrication de celles d'argent. Et voyant qu'à faute d'y auoir pourueu, les particuliers, & le public en souffrent beaucoup d'incommodité & de perte par la multiplicité des pesées, & la diuersité des poids, dont il se faut seruir dans les payemens qui se font en monnoye legere ; & d'ailleurs que le plus grand preiudice que nous & nos Suiets receuons dans les eſpeces d'argent, procede du tranſport qui s'en fait hors le Royaume, à cauſe de la diſproportion qui ſe rencontre entre le prix de l'or & de l'argent, ſuiuant l'éualuation qui en a eſté faite par noſtre Declaration du mois de Iuin 1636. laquelle auſſi comme beaucoup d'ouuriers à fondre ſecrettement l'argent monnoyé pour l'employer en ouurages d'Orfeurerie, leſquels ils ſuruendent ; en conſequence dequoy il nous arriue encore vne perte tres conſiderable, en ce que nous ne prenons aucun droit de Seigneuriage ſur l'argent ouuré, & que leſdits Orfeures, & Tireurs d'or ne cõtent point des remedes portez par nos Ordonnances, pour le fin de leurs ouurages, ainſi que font les Maiſtres de nos Monnoyes, bien qu'il ne ſoit point iuſte par aucune raiſon qu'ils en profitent, ny de ſouffrir que nos Monnoyes demeurent dépourueuës de matiere, tandis que les ouurages d'argenterie ſe multiplient, & que le luxe s'augmente, à la ruine de plusieurs familles, n'y ayant rié en quoy il importe plus de le retrãcher qu'en l'abondance deſdits ouurages qui ſe rendent auiourd'huy communs dans les maiſons des moindres particuliers. Et dautant que la fabrication des eſpeces d'argent appellées Francs, qui ne ſont qu'au titre de dix deniers de fin a eſté cy-deuant interdite, & que celle des demy Francs & quarts de Francs n'a eu cours que par tolerance, noſtre intention ayant touſiours eſté que noſtre monnoye d'argent fuſt battuë en eſpeces au titre de Quarts & demy Quarts d'eſcu, qui eſt plus haut que celuy deſdits Francs : & que nous ſommes bien informez que la pluſpart des ouuriers de nos Monnoyes ayans quitté la fabrication deſdits Quarts d'eſcu pour s'employer à celle des demy Francs à cauſe du gain qu'ils y font , noſtre Royaume ſe trouue à preſent remply d'eſpeces de bas titre ou legeres ; Nous auons eſtimé qu'il eſtoit de la grandeur & dignité de cette Couronne , apres auoir donné vn ſi bon commencement au reſtabliſſement de nos Monnoyes , de les mettre toutes au titre des Quarts d'eſcu , & rendre toutes celles que nous ferons fabriquer à l'aduenir , les plus parfaites qu'elles puiſſent eſtre pour le bien & la commodité de nos Suiets & l'aduantage de noſtre ſeruice, & pour empeſcher qu'elles ne ſoient falſifiées. SÇAVOIR FAISONS que nous pour ces cauſes & autres bonnes conſiderations à ce nous mouuans , de l'aduis de noſtre Conſeil , où eſtoient pluſieurs grands & notables perſonnages d'iceluy , & de noſtre certaine ſcience , pleine puiſſance & auctorité Royale, NOVS auons par ces presentes signées de nostre main, defendu & interdit, defendons & interdisons la fabrication des especes d'argent appellées Francs, demy Francs & quarts de Francs ; & auons ordonné & ordonnons qu'au lieu d'icelles, il sera fabriqué en nostre Monnoye du moulin des especes de monnoye d'argent, les vnes du prix de soixante sols, les autres de trente sols, de quinze sols, & de cinq sols, toutes au titre de onze deniers de fin ; lesquelles pieces de soixante sols seront du poids de vingt vn denier huict grains trebuchant, chacune à la taille de huict pieces onze douziémes de piece, au remede d'vn douziesme de piece & de deux grains de fin pour marc, les pieces de trente sols, quinze sols & cinq sols à proportion. Et pour faire que la valeur du marc d'argent ait rapport à celle du marc d'or, & que les especes d'argent payent celles d'or, Nous auons reglé & reglons le prix de chacun marc d'argent le Roy à vingt-six liures dix sols; & entendons que les Quarts d'escu qui se trouueront du poids de sept deniers douze grains trebuchans, qui est celuy porté par nos Ordonnances, ayent cours pour vingt-vn sol, les Testons de France & de Nauarre du poids de sept deniers dix grains trebuchans, pour vingt sols six deniers, les Francs du poids de onze deniers vn grain trebuchant, pour vingt-huit sols, & les demys & quarts desdites especes à proportion. ORDONNONS que toutes lesdites Monnoyes tant de nouuelle fabrique qu'anciēne seront pesées ainsi qu'il a deu estre fait de tout temps pour les monnoyes ayans cours en ce Royaume, & qu'il sera marqué des poids pour lesdites monnoyes d'argent nouuelles en nostre Cour des Monnoyes, sur lesquels les Banquiers, Marchands, Fondeurs, & toutes autres personnes feront étallonner, adiuster, & marquer au Greffe de nostredite Cour, ceux dont ils se voudront seruir, ausquels nostre poinçon sera appliqué gratuitement ; leur defendant de se seruir d'aucun autre poids à peine de confiscation des poids, & de deux cens liures d'amende. VOVLONS, & nous plaist, que tous ceux qui ont des monnoyes tant de France qu'estrangeres qui ne se trouueront du poids trebuchant, les apportent incessamment en nostre Monnoye au moulin, où elles seront payées selon la iuste valeur de leur poids, tout ainsi qu'il a esté pratiqué pour les monnoyes d'or. Et que pour donner vn suffisant delay au conuertissement des especes d'argent legeres, elles ayent cours pour le prix de leur iuste poids, iusques au dernier iour du mois de Mars de l'année prochaine inclusiuement, suiuant & conformément à nostre Declaratiõ, & au Tariffe du vingt-neufiéme Octobre dernier, cõme aussi au Cahier attaché sous le cõtreseel de ces presentes; apres lequel iour dernier Mars toutes lesdites especes d'argent de France & estrangeres qui ne seront de poids trebuchant, demeureront décriées de tout cours & mise, les declarant telles dés à present comme pour lors: Defendons à toutes personnes de quelque qualité & condition qu'elles soient, d'en exposer ny receuoir apres ledit temps en aucun lieu de nostre Royaume, Pays, Terres & Seigneuries de nostre obeyssance, à quelque prix que ce puisse estre, & pour quelque cause que ce soit, à peine de confiscation des especes, & de cinq cens liures d'amende pour la premiere fois, & de punition corporelle pour la seconde, outre ladite amende, &

de confiſcation de corps & de biens en cas de recidiue; le tiers deſquelles confiſcations & amendes Nous appliquons au denonciateur : Faiſons tres expreſſes inhibitions & defenſes à tous Marchands , Orfeures , Affineurs, Tireurs d'or & tous autres, de vendre ledit marc d'argent le Roy à plus haut prix que de vingt ſix liures dix ſols, à peine de la vie & de confiſcation de tous & chacuns les biens des contreuenans, dont Nous appliquons le tiers au denonciateur: DEFENDONS auſſi à tous nos Suiets & aux Eſtrangers regnicoles , & tous autres, de fondre aucun or & argent monnoyé , & d'en tranſporter hors de noſtre Royaume, ny aucuns ouurages d'Orfeurerie , ſur peine de punition corporelle , & confiſcation des matieres & marchandiſes , & autres choſes qui ſe trouueront emballées auec leſdites matieres & ouurages d'or & d'argent. VOVLONS & ordonnons que d'oresnauant, à commencer du iour de la publication des presentes, il soit payé en nos coffres par les Orfeures, & Tireurs d'or pour tout l'or & l'argent qu'ils mettront en œuure, pareil droit de Seigneuriage que celuy que nous payent les Maistres de nos Monnoyes, & ce és mains des Receueurs, Commis ou Fermiers que nous establirons pour cét effet; sçauoir six liures pour chaque marc d'or, & sept sols huict deniers & vingt-vingt-troisiéme de denier pour chacun marc d'argent ouuré, suiuant nostre Declaration du dixiéme Septembre mil six cens trente six, & Arrest de nostre Cour des Monnoyes du vingt-deuxiéme Septembre audit an 1636. VOVLONS au surplus que toutes les Ordonnances sur le fait de nos Monnoyes, & de l'Orfeurerie soient exactement gardées & obſeruées, & qu'il ſoit informé des contrauentions qui y ſeront faites, & à ces preſentes, à la requeſte de noſtre Procureur General en noſtre Cour des Monnoyes, par les Conſeillers deputez d'icelle, Generaux, Prouinciaux & Gardes de nos Monnoyes, en ayans, entant que de beſoin, attribué, & attribuons toute iuriſdiction & connoiſſance à ladite Cour, & icelle interdite à nos Cours de Parlement, & tous autres Iuges. SI DONNONS EN MANDEMENT à nos amez & feaux les Gens tenans noſtre Cour des Monnoyes, que ces preſentes ils faſſent lire, publier & enregiſtrer, nonobſtant le temps des vacations, & le contenu en icelles garder & obſeruer ſans y contreuenir, ny permettre qu'il ſoit contreuenu en aucune maniere. MANDONS & ordonnons à tous Baillifs, Seneſchaux, Preuoſts, leurs Lieutenans & autres nos Officiers d'y tenir la main, à peine d'en répondre en leur propre & priué nom: CAR tel est nostre plaisir. Et afin que ce soit chose ferme & stable à tousiours, Nous auons fait mettre nostre seel à cesdites presentes, sauf en autres choses. nostre droit, & l'autruy en toutes DONNE' à Peronne au mois de Septembre, l'an de grace mil six cens quarante-vn, & de nostre regne le trente deuxiesme. Signé, LOVIS. Et sur le reply, Par le Roy, SVBLET. & seellé sur double queuë en lacs de soye de cire verte.

Et encore est escrit sur ledit reply,

Leuës, publiées & registrées és Registres de ladite Cour, ce requerant & consentant le Procureur general, pour estre executées, gardées & obseruées selon leur forme & teneur, suiuant & aux charges portées par l'Arrest de ladite Cour de ce iourdhuy. A Paris en la Cour des Monnoyes, le 18. Nouembre 1641.

Signé, DELAISTRE.

EXTRAICT DES REGISTRES *de la Cour des Monnoyes.*

VEV par la Cour les Lettres Patentes du Roy en forme d'Edict, du mois de Septẽbre dernier, signé, LOVIS, & sur le reply, Par le Roy, SVBLET, & seellée en cire verte sur lacs de soye, presentées au Bureau par Cartays Aduocat general pour le Procureur general de sa Maiesté en icelle : Portant entre autres choses interdictiõ de fabriquer en ses Monnoyes des especes d'argent appellées Francs, demys & quarts de Francs, & qu'au lieu il seroit fait en la Monnoye du Moulin des Pieces d'argent de soixante sols, & trente, quinze & cinq sols ; & que le marc d'argent le Roy vaudra vingt six liures dix sols, & les pieces cy-deuant appellées Quarts d'escu, & à present de vingt sols, du poids de sept deniers douze grains trebuchans, auront cours pour vingt-vn sol ; les Testons de France & de Nauarre, du poids de sept deniers dix grains trebuchans, pour vingt sols six deniers ; les Francs du poids de onze deniers vn grain trebuchans, pour vingt-

vingt-huict sols, & les demis & quarts desdites especes à proportion: & que toutes lesdites monnoyes tant de nouuelle fabrication qu'ancienne seront pesées, ainsi qu'il a deu estre fait de tout tẽps pour les monnoyes ayans cours en ce Royaume; aussi que les Monnoyes d'argent legeres tant de France qu'estrangeres, seront apportées incessamment à la Monnoye au Moulin, où elles seront payées selon la iuste valeur de leurs poids, tout ainsi qu'il a esté pratiqué pour les monnoyes d'or, & que les especes d'argent legeres auront cours pour le prix de leur iuste poids, iusques au dernier Mars prochain inclusiuement, suiuant la Declaration & Tarif du 29. Octobre dernier, & Cahier attaché sous le contreseel dudit Edict; apres lequel iour dernier Mars, les especes d'argent de France & estrangeres qui ne seront de poids trebuchant, demeureront décriées: & outre qu'il sera payé par les Orfévres & Tireurs d'or, pour l'or & l'argent qu'ils mettront en œuure, pareil droict de Seigneuriage que celuy qui est payé par les Maistres des Monnoyes. Mandant à ladite Cour faire publier & registrer ledit Edict, nonobstant le temps des vacations, & le contenu en iceluy garder & obseruer. Conclusions du Procureur general, auquel ledit Edict & Cahier y attaché a esté communiqué. Oüy le rapport du Conseiller à ce commis. Tout consideré : LA COVR a ordonné & ordonne que sur ledit Edict tres-humbles remonstrances seront faites au Roy en son Conseil, en ce qui concerne le surhaussement du prix du marc d'argent le Roy, & des especes des monnoyes d'argent pesantes. FAIT en la Cour des Monnoyes le deuxiesme Octobre 1641.

Signé, DELAISTRE.

EXTRAICT DES REGISTRES du Conseil d'Estat.

SVR les remonstrances faites au Roy en son Conseil, par les Deputez de la Cour des Monnoyes, sur le suiet du dernier Edict de sa Maiesté sur le fait de ses Monnoyes, du mois de Septembre dernier, enuoyé en icelle pour y estre enregistré : & apres auoir ouy les raifons qui ont esté representées, tant pour ce qui regarde l'augmentation du prix du marc d'argent portée par ledit Edict, & l'exposition au marc des especes d'argent de France du poids de l'Ordonnance, auec le secours des grains accordez par Declaration de sa Maiesté du 29. Octobre 1640. que pour le droit de Seigneuriage estably sur les ouurages d'Orfeurerie qui peuuent estre employez à l'vsage du seruice diuin. LE ROY EN SON CONSEIL a ordonné & ordonne, qu'il sera par ladite Cour passé outre à l'enregistrement dudit Edict; sauf pour ce qui concerne ledit droit de Seigneuriage sur les ouurages d'Orfeurerie d'or & d'argent, dont sa Maiesté a déchargé & décharge ceux seulement qui seront designez par l'Arrest d'enregistrement de ladite Cour. Et à l'égard des especes d'argent aux coins & armes de France, qui ne se trouueront du poids de l'Ordonnance qu'auec le remede des grains accordez par ladite Declaration du 29. Octobre 1640. sadite Maiesté laisse à la disposition de ladite Cour des Monnoyes, d'y apporter tel reglement qu'elle iugera necessaire pour la commodité du commerce. Fait au Conseil d'Estat du Roy tenu à Paris le 7. iour de Nouembre 1641. Ainsi signé, LE RAGOIS.

COMMISSION.

LOVIS par la grace de Dieu Roy de France & de Nauarre, à nos amez & feaux Conseillers les Gens tenans nostre Cour des Monnoyes, Salut. Nous vous mandons & ordonnons par ces presentes signées de nostre main, que suiuant l'Arrest dont l'extraict est cy attaché sous le contre-seel de nostre Chancellerie, ce iourd'huy donné en nostre Conseil d'Estat sur les remonstrances qui nous y ont esté faites par vos Deputez sur le suiet de nostredit Edict du mois de Septembre dernier sur le fait des Monnoyes ; vous ayez à passer outre à l'enregistrement pur & simple de nostredit Edict ; sauf pour ce qui concerne le droit de Seigneuriage sur les ouurages d'Orfeurerie d'or & d'argent, dont nous auons déchargé & déchargeons ceux seulement qui serõt designez par vostre Arrest d'enregistrement dudit Edict. Et à l'égard des especes d'argent aux coins & armes de France, qui ne se trouueront du poids de l'Ordonnance qu'auec le remede des grains accordez par nostre Declaration du 29. d'Octobre 1640. vous y apportiez tel reglement que vous iugerez necessaire pour la commodité du commerce. De ce faire vous auons donné & donnons plein pouuoir, commission, & mandement special : Car tel est nostre plaisir. DONNE' à S. Germain en Laye, le 7. iour de Nouembre l'an de grace 1641. & de nostre Regne le trente deuxiéme. Signé, LOVIS. Et plus bas, Par le Roy, SVBLET. Et scellée de cire iaune sur simple queuë.

EXTRAICT DES REGISTRES de la Cour des Monnoyes.

VEV par la Cour les Lettres Patentes du Roy, en forme d'Edict du mois de Septembre dernier, signées LOVIS, & sur le reply, Par le Roy, SVBLET, & scellées en cire verte sur lacs de soye, portant interdiction de la fabrication en ses Monnoyes des especes d'argent appellées Francs, demys, & quarts de Francs; & qu'au lieu il sera fait en la Monnoye du Moulin des Pieces d'argent de soixante sols, trente, quinze, & cinq sols, au titre de onze deniers de fin & du poids y cotté; & que le marc d'argent le Roy vaudra vingt-six liures dix sols; & que les pieces cy-deuant appellées Quarts d'escu, & à present de vingt sols, du poids de sept deniers douze grains trebuchans auront cours pour vingt-vn sols: les Testons de France, & de Nauarre, du poids de sept deniers dix grains trebuchans, pour vingt sols six deniers: les Francs du poids de onze deniers vn grain, trebuchans, pour vingt-huict sols, les demys & quarts à proportion: & que toutes lesdites monnoyes, tant de nouuelle fabrication qu'ancienne ſeront peſées, ainſi qu'il a deu eſtre fait de tout temps pour les monnoyes ayans cours en ce Royaume ; qu'il ſera marqué des poids pour leſdites monnoyes d'argent nouuelles en ladite Cour, ſur leſquels les Banquiers, Marchands, Fondeurs, & toutes autres perſonnes feront étallonner, adiuſter & marquer au Greffe de ladite Cour ceux dont ils ſe voudront ſeruir, auquel le poinçon de ſa Maieſté ſera appliqué gratuitement; leur defendant de ſe ſeruir d'aucun autre poids, à peine de confiſcation des poids, & de deux cens liures d'amande : Veut que tous ceux qui ont des monnoyes d'argent, tant de France qu'eſtrangeres, qui ne ſe trouueront du poids trebuchant, les apportent inceſſamment en la Monnoye au Moulin, où elles ſeront payées ſelon la iuſte valeur de leurs poids, tout ainſi qu'il a eſté pratiqué pour les monnoyes d'or ; & que les eſpeces d'argent legeres auront cours pour le prix de leur iuſte poids, iuſques au dernier de Mars prochain incluſiuemẽt, ſuiuant la Declaration & Tarif du 29. Octobre dernier, & Cahier attaché ſous le contre-ſeel dudit Edict ; aprés lequel iour dernier Mars les eſpeces d'argent de France & eſtrangeres qui ne ſeront de poids trebuchant, demeureront décriées : defendant à toutes perſonnes d'en expoſer ny receuoir aprés ledit temps par tout le Royaume, & à tous Marchands, Orfeures, Affineurs, Tireurs d'or, & autres, de vendre le marc d'argent à plus haut prix que de 26. liures dix ſols, ny de tranſporter hors du Royaume or, argent monnoyé, ny aucuns ouurages d'Orfeurerie, ſur les peines y contenuës. Et outre qu'il ſera doreſnauant payé par les Orfeures & Tireurs d'or, pour l'or & l'argent qu'ils mettront en œuure pareil droit de Seigneuriage, que celuy qui est payé par les Maistres des Monnoyes, sçauoir six liures pour chacun marc d'or, & sept sols huict deniers xx. xxiij. de denier pour marc d'argẽt: & au surplus que toutes les Ordonnances sur le fait des Monnoyes & de l'Orfeurerie soient exactemẽt gardées & obseruées, & informé des contrauentions. Mandant à ladite Cour faire publier & registrer ledit Edict, & iceluy faire garder & obseruer, comme plus au long est porté par ledit Edict : Cahier attaché audit Edict sous le contre-seel. Conclusions dudit Procureur General sur ledit Edict. Arrest du 2. Octobre dernier, par lequel auroit esté ordonné que tres-humbles remonstrances seroient faites à sa Maiesté en son Conseil sur ledit Edict. Arrest du Conseil d'Estat du 7. des presens mois & an, signé le Ragois: par lequel sur les remonstrances faites à sadite Maiesté en son Conseil par les Deputez de ladite Cour, sur le suiet dudit Edict des Monnoyes, pour ce qui regarde l'augmentation du prix du marc d'argent, exposition au marc des especes d'argent de France du poids de l'Ordonnance auec le secours des grains accordez par la Declaration de sa Maiesté du 29. Octobre 1640. que pour le droit de Seigneuriage estably sur les ouurages d'Orfeurerie, qui peuuent estre employez à l'vsage du seruice Diuin; sadite Maiesté a ordonné qu'il seroit par ladite Cour passé outre à l'enregistrement dudit Edict, sauf pour ce qui cõcerne ledit droict de Seigneuriage sur les ouurages d'Orfeurerie & d'argent, dont sadite Maiesté décharge ceux seulement qui serõt designez par l'Arrest d'enregistrement. Et à l'égard des especes d'argent aux coins & armes de Frãce, qui ne se trouueront

ront du poids de l'Ordonnance, qu'auec le remede des grains accordez par ladite Declaration du 26. Octobre : sadite Maiesté laisse à la dispositiõ de ladite Cour des Monnoyes, d'y apporter tel reglement qu'elle iugera necessaire pour la cõmodité du commerce. Commission sur ledit Arrest addressante à ladite Cour des mesmes iours & an, signée LOVIS, & plus bas, Par le Roy, SVBLET, & seellée sur simple queuë de cire iaune, portant mandement à ladite Cour que suiuant ledit Arrest, dont l'extraict est attaché sous le contreseel, elle ait à passer outre à l'enregistremẽt pur & simple dudit Edit Acte fait & signifié à la requeste des Maistres & Gardes de l'Orfeurerie de Paris, audit Procureur general le 15. desdits mois & an, cõtenant leur opposition à la verification & enregistremẽt dudit Edit, portant imposition d'vn droict sur chacun marc d'argent, pour les raisons à déduire en temps & lieu : Autres conclusions dudit Procureur general, auquel le tout auroit esté communiqué. Oüy le rapport du Conseiller à ce commis. Tout consideré : LA COVR sans s'arrester à l'opposition des Maistres & Gardes de l'Orfeurerie de cette ville de Paris, pour laquelle ils se pouruoiront pardeuers le Roy en son Conseil, a ordonné & ordonne que sur le reply desdites Lettres en forme d'Edict sera mis, qu'elles ont esté leuës, publiées & registrées és Registres d'icelle, ce requerant ledit Procureur general, pour estre executées, gardées, & obseruées selon leur forme & teneur, fors & excepté pour les especes d'argent legeres cy-aprés specifiées, qui se trouueront dans les remedes des grains portez par la Declaration du 29. Octob. 1640. lesquelles seront exposées, & auront cours au mesme prix que cy deuant, iusques au dernier iour de Mars prochain, sçauoir les Francs, pour vingt-sept sols ; les Pieces appellées Quarts d'escu, pour vingt sols ; les Testons, pour dix-neuf sols six deniers, pourueu que les susdites pieces ne soient diminuées de leur iuste poids que de six grains: les demys Francs pour treize sols six deniers; les demys Quarts d'escu pour dix sols; les demys Testons pour neuf sols neuf deniers; lesdites pieces n'estans diminuées que de trois grains: & les quarts de Francs, pour six sols neuf deniers, n'estans aussi diminuées que de deux grains. Et pour le regard desdites especes qui se trouueront plus legeres que des grains susdits, & autres especes qui ne sont cy-dessus specifiées, elles auront cours iusqu'au dernier Mars prochain, ainsi qu'elles ont de present, à raison de leur poids, suiuant & conformément à la susdite Declaration du 29. Octobre 164.. & au cahier d'eualuation attaché sous le contreseel dudit Edit. Et aussi en ce qui concerne le droict de Seigneuriage sur les ouurages d'Orfeurerie d'or & d'argent necessaires aux Eglises pour le seruice diuin, sçauoir croix, calices, patines, burettes, petits bassins à mettre lesdites burettes, chandeliers, soleils, ciboires, encẽsoirs, benestiers, lampes, chasses, & reliquaires, suiuant l'Arrest du Conseil du 7. des presens mois & an. Et à l'effet susdit serõt lesdites Lettres Patentes en forme d'Edict, & present Arrest publiez à son de trompe & cry public, & affiches mises és carrefours & lieux accoustumez de cette ville & fauxbourgs de Paris, & copies collationnées par le Greffier de ladite Cour, enuoyées par les Prouinces, tant aux Generaux, Prouinciaux, qu'aux Gardes des Monnoyes de ce Royaume, Baillifs, Seneschaux, Preuosts, & autres Iuges Royaux, pour estre pareillement leuës & publiées, & tenir la main à l'execution & entretenement du contenu ausdites Lettres & present Arrest: lesquels certifieront ladite Cour de leurs diligences au mois. FAIT en la Cour des Monnoyes le 18. Nouembre 1641. Signé, DELAISTRE.

ENSVIVENT

LES PORTRAITS, POIDS & prix des Especes d'or & d'argent, tant de France qu'Estrangeres, ausquelles le Roy a donné cours par son present Edict.

PREMIEREMENT.

LOVIS du poids de deux deniers quinze grains trebuchant, pour cent sols.

Double LOVIS du poids de cinq deniers six grains rrebuchant, pour dix liures.

Quatruple LOVIS du poids de dix deniers douze grains trebuchāt, pour vingt liures.

Eſcu ſol du poids de deux deniers quinze grains trebuchant, pour cinq liures quatre ſols.

Le demy à proportion.

FRANCE.

HENRICVS·2·D·G·FRANCOR·REX
XPS·VINCIT·XPS·REGNAT·XPS·INPERAT
FRANCISCVS·DEI·GRA·FRANCOR·REX·F
LVDOVICVS·XIII·D·G·FRAN·ET·NAVA·REX

Le demy.

Escu couronne du poids de deux deniers quatorze grains trebuchant, pour cinq liures trois sols.

Le demy à proportion.

Le vieil Escu du poids de trois deniers trebuchant, pour six liures.

Et le demy à proportion.

Franc à pied & à cheual, du poids de deux deniers vingt grains trebuchant, pour cinq liures cinq sols.

Franc à pied.

Franc à cheual.

Royaux d'or, du poids de deux deniers vingt grains, trebuchant, pour cinq liures douze ſols.

Le double Henry, du poids de cinq deniers dix-ſept grains trebuchant, pour onze liures quatre ſols.

Et le demy & quart à proportion.

Le demy.

Le quart.

Celles d'Argent de France et de Navarre.

Piece de ſoixante ſols de nouuelle fabrication, du poids de vingt & vn denier huict grains trebuchant.

Piece de trente sols de nouuelle fabrication, du poids de dix deniers seize grains trebuchant.

Piece de quinze ſols de nouuelle fabrication, du poids de cinq deniers huict grains trebuchant.

Piece de cinq ſols de nouuelle fabrication, du poids d'vn denier dixhuict grains & demy trebuchant.

Le Franc d'argent, du poids de onze deniers vn grain trebuchant, pour vingt-huit ſols.

Le demy & le quart à proportion.

FRANCE.

NAVARRE.

HENRICVS II D G REX NAVARRE D 1578
SVM GRATIA DEI SVM ID QVD SVM
HENRICVS·II·D·G·REX·NAVARRE·
GRATIA·DEI·SVM·ID·Q·SVM·158
HENRICVS II D G REX NAVARRE D 1578
GRATIA DEI SVM ID QVD SVM

Le demy.

Le quart.

Piece appellée cy-deuant Quart d'escu, du poids de sept deniers douze grains trebuchant, pour vingt-vn sol.

Et le demy à proportion.

NAVARRE.

Le demy.

Teston du poids de sept deniers dix grains trebuchant, pour vingt sols six deniers.

Le demy à proportion.

FRANCE.

HENRICVS·2·DEI·GRA·FRANCOR·REX
XPS·VINCIT·XPS·REGNAT·XPS·IMP·1549
II H
A
CHRS·VINCIT·CHRS·REGNAT·CHRS·IMP
HENRICVS·II·DEI·GRATIA·FRANCOR·REX
A
HENRICVS·II·D·G·FRANCOR·REX
DVM TOTVM COMPLEAT ORBEM
A

FRANCE.

NAVARRE.

Le demy.

Teſton de Dombes, du poids de ſept deniers dix grains trebuchant, pour vingt ſols ſix deniers.

Le demy à proportion.

ESPECES D'OR ESTRANGERES.

Le double Ducat à deux testes d'Espagne & Flandre, du poids de cinq deniers dix grains trebuchant, pour dix liures.

Le demy & quart à proportion.

FLANDRE.

Piſtole d'Eſpagne de diuerſes fabrications, du poids de cinq deniers ſix grains trebuchant, pour dix liures.
La demie & le quatruple à proportiõ.

Le

La demie.

Sainct Estienne de Portugal, dit Millerés, du poids de six deniers trebuchant, pour neuf liures dix sols.

Le demy & quart à proportion.

Le demy.

Portugaiſe, autrement dite Quatruple deux cinquiémes de Millerés, du poids de neuf deniers douze grains trebuchant, pour quatorze liures ſeize ſols.

Le demy & quart à proportion.

Le demy.

Le quart.

Milleret à la petite croix, du poids de deux deniers dix-ſept grains trebuchant, pour quatre liures dix ſols.

Milleret à la longue croix, du poids de deux deniers dix-ſept grains trebuchant, pour quatre liures cinq ſols.

Noble à la roſe d'Angleterre, du poids de ſix deniers trebuchant, pour dix liures dix ſols.

Le demy à proportion.

Noble Henry d'Angleterre, du poids de cinq deniers dix grains trebuchant, pour neuf liures dix sols.

Et le demy à proporton.

Angelot d'Angleterre, du poids de
4. deniers trebuchãt, pour sept liures.

Le demy à proportion.

Iacobus d'Angleterre, d'Escosse, & Ridre d'Hollande vieil, pesant sept deniers vingt grains trebuchant, pour treize liures.

Le demy, quart & huictiéme à proportion.

ANGLETERRE.

RIDRE.

Le demy.

Iacobus nouueau, peſant ſept deniers deux grains trebuchant, pour douze liures.

Imperial de Flandre, du poids de quatre deniers quatre grains trebuchant, pour ſept liures dix ſols.

Demy Imperial de bas aloy, du poids de deux deniers quatorze grains trebuchant, pour trois liures quinze ſols.

Rèal de Flandre, du poids de quatre deniers quatre grains trebuchant, pour ſept liures dix ſols.

Albertus de Flandre, du poids de quatre deniers trebuchant, pour ſix liures.

Le demy du poids de deux deniers neuf grains trebuchant, pour trois liures.

Souuerain de Flandre, du poids de ſix deniers douze grains trebuchant, pour treize liures.

Le demy & quart à proportion.

Le demy Souuerain.

Le quart.

Escu de Flandre, dit Reyne, du poids de deux deniers quinze grains trebuchant, pour quatre liures cinq sols

Escu Philippe de pareil poids & prix.

Autre Escu de Flandre, de pareil poids & prix.

Escu d'Escosse de pareil poids & prix.

Piſtole de Rome, Milã, Veniſe, Florence, & autres d'Italie, & d'ailleurs, du poids de cinq deniers 4. grains trebuchant, pour neuf liures douze ſols.

Le quatruple à proportion.

ROME.

BOLOGNE.

MILAN.

VENISE.

FLORENCE.

PARME.

SAVOYE.

DOMBES.

ORANGES.

BESANÇON.

Eſcu d'Italie, & autres, du poids de deux deniers quatorze grains trebuchant, pour quatre liures ſeize ſols.

ROME.

BOLOGNE.

FERRARE.

LVCQVES.

SIENNE.

VENISE.

GENES.

VALENCE.

DOMBES.

LA MARK.

SAVOYE.

SAVOYE.

Geneue non contrefaites.

Pistole de Lorraine, du poids de cinq deniers quatre grains trebuchant, pour sept liures six sols.

La demie & quadruple à proportion.

La demie.

Pistoles de Saincte Dorothée, de Liege, & de Spinola, du poids de cinq deniers quatre grains, pour six liures cinq sols.

LIEGE.

SPINOLA.

Eſcu de Liege du poids de deux deniers quatorze grains trebuchant, pour trois liures huict ſols.

Florin de Mets, du poids de deux deniers quatorze grains trebuchant, pour cinquante-cinq ſols.

Ridre de Friſe, & de Gueldres, du poids de deux deniers quinze grains trebuchant, pour trois liures quinze ſols.

FRISE.

GVELDRES.

Florin Real, du poids de deux deniers quatorze grains trebuchant, pour trois liures quatre ſols.

Ducats de l'Empire, Hongrie, Veniſe, Sauoye, & autres, du poids de deux deniers dix-ſept grains trebuchant, pour quatre liures dix ſols.

Le double à proportion.

L'EMPIRE.

L'EMPIRE.

HONGRIE.

VENISE.

PARME.

SALZEBOVRG.

SAVOYE.

PRVSSE.

FRISE.

PROVINCES VNIES.

FERRARE.

TVRQVIE.

Especes d'argent Estrangeres.

Pieces de huict reales d'Eſpagne, de diuerſes fabrications, du poids de vingt vn deniers huict grains trebuchant, pour cinquante-huict ſols.

Celles de quatre, de deux, & ſimples à proportion.

Pieces de huict Reales.

Piece de quatre Reales.

Piece de quatre Reales.

Simple Reale.

Simple Reale.

Demye Reale.

Ducaton de Milan, du poids d'vne once vn denier trebuchant, pour trois liures ſept ſols.

Piece de Milan, non Ducaton, du poids de vingt-vn deniers douze grains trebuchant, pour trois liures.

Ducaton de Florence, Sauoye, Venise & Parme, du poids d'vne once vn denier trebuchant, pour trois liures sept sols.

FLORENCE.

FLORENCE.

SAVOYE.

Venise.

Parme.

Ducaton de Flandre, du poids d'vne once vn denier huict grains trebuchant, pour trois liures cinq sols.

Le demy à proportion.

Le demy.

Ducaton d'Auignon du poids d'vne once trebuchant, pour trois liures deux ſols.

Avignon.

Piece d'Auignon, du poids de deux deniers neuf grains trebuchant, pour cinq sols.

Philippe-dalle de Flandre, du poids d'vne once vn gros trebuchant, pour trois liures.

Le demy & le quint à proportion.

Le demy.

Le quint.

Paragon de Flandre, du poids de vingt deux deniers trebuchant, pour cinquante quatre ſols.

Le demy & quart à proportion.

Patagon de Flandre.

Patagon de Flandre.

Piece des Prouinces vnies, Dalle au Lion, du poids de vingt vn denier trebuchant, pour trente-huict sols.

Piece de Zelande à l'Aigle, du poids de quinze deniers douze grains trebuchant, pour trente sols.

Piece de Frise, dite Gros Bonnet du poids de quatorze deniers trebuchant, pour vingt-huict sols.

Piece de Liege non contrefaite, du poids de treize deniers douze grains trebuchant, pour vingt sept sols.

La demie à proportion.

Piece de Liege.

Dalle de l'Empire, du poids de vingt-deux deniers trebuchant, pour cinquante cinq ſols.

Dalles de l'Empire.

Dalles de l'Empire.

Teſton

Teſton d'Orange, du poids de ſept deniers dix grains trebuchant, pour quinze ſols.

Vieux Teſtons de Lorraine, d'Antoine & Charles, du poids de ſept deniers huict grains trebuchant, pour quinze ſols.

Autres Teſtons d'Henry & Charles de Lorraine, dont les portraits enſuiuent, que ceux de Mets, du poids de ſept deniers trebuchant, pour quatorze ſols.

LORRAINE.

METS.

Teston du Cardinal de Lorraine fabriqué au moulin, du poids de six deniers quinze grains, trebuchant pour treize sols six deniers.

Teſton de Dole, du poids de ſix deniers douze grains trebuchant, pour douze ſols.

Teſton de Beſançon, non le demy du poids de ſix deniers trebuchant, pour douze ſols.

Chelin d'Angleterre, du poids de quatre deniers douze grains trebuchant, pour onze ſols.

Le demy à proportion.

Piece de Flandre, du poids de quatre deniers trebuchant, pour ſix ſols.

Piece de Flandre.

Real de Flandre du poids de deux deniers dix grains trebuchant, pour cinq ſols.

Piece de Flandre, du poids de deux deniers trebuchant, pour deux ſols ſix deniers.

Piece de Zelande, du poids d'vn denier ſix grains trebuchant, pour vn ſols ſix deniers.

Gros de Lorraine, pour dix deniers. Le demy à moitié.

ENSVIT LE PRIX du marc d'argent leger ayant cours par le present Edict.

PIECES CY-DEVANT appellées Quarts d'Escus.

LE GRAIN,	1 d. pite ¼ de p.
Deux Grains,	2 d. ob. semip.
Trois,	3 d. ob. p. sem.
Quatre,	5 d. p.
Cinq,	6 d. ob.
Six,	7 d. ob. p. semip.
Sept,	9 d. semip.
Huict,	10 d. ob.
Neuf,	11 d. ob. p.
Dix,	1 s. 1 d. semip.
Onze,	1 s. 2 d. p. semip.
Douze,	1 s. 3 d. ob. p.
Treize,	1 s. 5 d.
Quatorze	1 s. 6 d. p. semip.

Quinze,	1 ſ. 7 d. ob. ſem.
Seize,	1 ſ. 9 d
Dix ſept,	1 ſ. 10 d. p.
Dix huict,	1 ſ. 11 d. ob. ſem.
Dix neuf,	2 ſ. . . . ob. p. ſe
Vingt,	2 ſ. 2 d. p.
Vingt vn,	2 ſ. 3 d. ob.
Vingt deux,	2 ſ. 4 d. ob. p. ſ.
Vingt trois,	2 ſ. 6 d. ſemip.
LE DENIER.	2 ſ. 7 d. ob.
Le demy Gros,	3 ſ. 11 d. p.
LE GROS,	7 ſ. 10 d. ob.
Deux,	15 ſ. 9 d.
Trois,	1 l. 3 ſ. 7 d. ob.
Quatre,	1 l. 11 ſ. 6 d.
Cinq,	1 l. 19 ſ. 4 d. ob.
Six,	2 l. 7 ſ. 3 d.
Sept,	2 l. 15 ſ. 1 d. ob.
L'ONCE,	3 l. 3 ſ.
Deux,	6 l. 6 ſ.
Trois,	9 l. 9 ſ.
Quatre,	12 l. 12 ſ.
Cinq,	15 l. 15 ſ.
Six,	18 l. 18 ſ.
Sept,	22 l. 1 ſ.
LE MARC,	25 l. 4 ſ.
Deux,	50 l. 8 ſ.
Trois,	75 l. 12 ſ.
Quatre,	100 l. 16 ſ.
Cinq,	126 l.
Six,	151 l. 4 ſ.

O

Sept,	176 l. 2 ſ.
Huict,	201 l. 18 ſ.
Neuf,	226 l. 16 ſ.
Dix,	252 l.
Onze,	277 l. 4 ſ.
Douze,	302 l. 8 ſ.
Treize,	327 l. 12 ſ.
Quatorze,	352 l. 16 ſ.
Quinze,	378 l.
Seize,	403 l. 4 ſ.
Dix ſept,	428 l. 8 ſ.
Dix huict,	453 l. 12 ſ.
Dix neuf,	478 l. 16 ſ.
Vingt,	504 l.
Vingt vn,	529 l. 4 ſ.
Vingt deux,	554 l. 8 ſ.
Vingt trois,	579 l. 12 ſ.
Vingt quatre,	604 l. 16 ſ.
Vingt cinq,	630 l.
Vingt ſix,	655 l. 4 ſ.
Vingt ſept,	680 l. 8 ſ.
Vingt huict,	705 l. 12 ſ.
Vingt neuf,	730 l. 16 ſ.
Trente,	756 l.
Trente vn,	781 l. 4 ſ.
Trente deux,	806 l. 8 ſ.
Trente trois,	831 l. 12 ſ.
Trente quatre,	856 l. 16 ſ.
Trente cinq,	882 l.
Trente ſix,	907 l. 4 ſ.
Trente ſept,	932 l. 8 ſ.

Trente huict, 957 l. 12 s.
Trente neuf, 982 l. 16 s.
Quarante, 1008 l.
Quarante vn, 1033 l. 4 s.
Quarante deux, 1058 l. 8 s.
Quarante trois, 1083 l. 12 s.
Quarante quatre, 1108 l. 16 s.
Quarante cinq, 1134 l.
Quarante six, 1159 l. 4 s.
Quarante sept, 1184 l. 8 s.
Quarante huict, 1209 l. 12 s.
Quarante neuf, 1234 l. 16 s.
Cinquante, 1260 l.
Cinquante vn, 1285 l. 4 s.
Cinquante deux, 1310 l. 8 s.
Cinquante trois, 1335 l. 12 s.
Cinquante quatre, 1360 l. 16 s.
Cinquante cinq, 1386 l.
Cinquante six, 1411 l. 4 s.
Cinquante sept, 1436 l. 8 s.
Cinquante huict, 1461 l. 12 s.
Cinquante neuf, 1486 l. 16 s.
Soixante, 1512 l.
Soixante vn, 1537 l. 4 s.
Soixante deux, 1562 l. 8 s.
Soixante trois, 1587 l. 12 s.
Soixante quatre, 1612 l. 16 s.
Soixante cinq, 1638 l.
Soixante six, 1663 l. 4 s.
Soixante sept, 1688 l. 8 s.
Soixante huict, 1713 l. 12 s.

Soixante neuf,	1738 l. 16 s.
Soixante dix,	1764 l.
Soixante onze,	1789 l. 4 s.
Soixante douze,	1814 l. 8 s.
Soixante treize,	1839 l. 12 s.
Soixante quatorze,	1864 l. 16 s.
Soixante quinze,	1890 l.
Soixante seize,	1915 l. 4 s.
Soixante dix sept,	1940 l. 8 s.
Soixante dix huict,	1965 l. 12 s.
Soixante dix neuf,	1990 l. 16 s.
Quatre vingt,	2016 l.
Quatre vingt vn,	2041 l. 4 s.
Quatre vingt deux,	2066 l. 8 s.
Quatre vingt trois,	2091 l. 12 s.
Quatre vingt quatre,	2116 l. 16 s.
Quatre vingt cinq,	2142 l.
Quatre vingt six,	2167 l. 4 s.
Quatre vingt sept,	2192 l. 8 s.
Quatre vingt huict,	2217 l. 12 s.
Quatre vingt neuf,	2242 l. 16 s.
Quatre vingt dix,	2268 l.
Quatre vingt onze,	2293 l. 4 s.
Quatre vingt douze,	2318 l. 8 s.
Quatre vingt treize,	2343 l. 12 s.
Quatre vingt quatorze,	2368 l. 16 s.
Quatre vingt quinze,	2394 l.
Quatre vingt seize,	2419 l. 4 s.
Quatre vingt dix sept,	2444 l. 8 s.
Quatre vingt dix huict,	2469 l. 12 s.
Quatrevingt dix neuf,	2494 l. 16 s.

Cent,	2520 l.
Deux cens,	5040 l.
Trois cens,	7560 l.
Quatre cens,	10080 l.
Cinq cens,	12600 l.
Mil,	25200 l.

TESTONS.

LE GRAIN,	1 d. pite $\frac{1}{3}$ de semip.
Deux Grains,	2 d. ob. ^{2} de semip.
Trois,	3 d. ob. p. semip.
Quatre,	5 d. semip. $\frac{1}{3}$
Cinq,	6 d. p. semip. $\frac{2}{3}$
Six,	7 d. ob. p.
Sept,	9 d. $\frac{1}{3}$ de semip.
Huict,	10 d. p. $\frac{2}{3}$ de semip.
Neuf,	11 d. ob. $\frac{1}{3}$ semip.
Dix,	1 s. ob. p. semip. $\frac{1}{4}$
Onze,	1 s. 2 d. semip. $\frac{2}{3}$
Douze,	1 s. 3 d. ob.
Treize,	1 s. 4 d. ob. p.
Quatorze,	1 s. 6 d. $\frac{2}{3}$ semip.
Quinze,	1 s. 7 d. p. semip.
Seize,	1 s. 8 d. ob. semip. $\frac{1}{3}$
Dix sept,	1 s. 9. d. p. semip. $\frac{2}{3}$
Dix huict,	1 s. 11 d. p.
Dix neuf,	2 s. .... ob. $\frac{2}{3}$ semip.
Vingt,	2 s. 1 d. ob. p. semip.

Vingt vn,	2 ſ. 3 d. ſemipite $\frac{2}{3}$
Vingt deux,	2 ſ. 4 d. p. ſemip. $\frac{2}{5}$
Vingt trois,	2 ſ. 5 d. ob. p.
LE DENIER,	2 ſ. 7 d.
Le demy Gros,	3 ſ. 10 d. ob.
LE GROS,	7 ſ. 9 d.
Deux,	15 ſ. 3 d.
Trois,	1 l. 3 ſ. 3 d.
Quatre,	1 l. 11 ſ.
Cinq,	1 l. 18 ſ. 9 d.
Six,	2 l. 6 ſ. 6 d.
Sept,	2 l. 14 ſ. 3 d.
L'ONCE,	3 l. 2 ſ.
Deux,	6 l. 4 ſ.
Trois,	9 l. 6 ſ.
Quatre,	12 l. 8 ſ.
Cinq,	15 l. 10 ſ.
Six,	18 l. 12 ſ.
Sept,	21 l. 14 ſ.
LE MARC,	24 l. 16 ſ.
Deux,	49 l. 12 ſ.
Trois,	74 l. 8 ſ.
Quatre,	99 l. 4 ſ.
Cinq,	124 l.
Six,	148 l. 16 ſ.
Sept,	173 l. 12 ſ.
Huict,	198 l. 8 ſ.
Neuf,	223 l. 4 ſ.
Dix,	248 l.
Onze,	272 l. 16 ſ.
Douze,	297 l. 12 ſ.

Treize,	322 l. 8 ſ.
Quatorze,	347 l. 4 ſ.
Quinze,	372 l.
Seize,	396 l. 16 ſ.
Dix ſept,	421 l. 12 ſ.
Dix huict,	446 l. 8 ſ.
Dix neuf,	471 l. 4 ſ.
Vingt,	496 l.
Vingt vn,	520 l. 16 ſ.
Vingt deux,	545 l. 12 ſ.
Vingt trois,	570 l. 8 ſ.
Vingt quatre,	595 l. 4 ſ.
Vingt cinq,	620 l.
Vingt ſix,	644 l. 16 ſ.
Vingt ſept,	669 l. 12 ſ.
Vingt huict,	694 l. 8 ſ.
Vingt neuf,	719 l. 4 ſ.
Trente,	744 l.
Trente vn,	768 l. 16 ſ.
Trente deux,	793 l. 12 ſ.
Trente trois,	818 l. 8 ſ.
Trente quatre,	843 l. 4 ſ.
Trente cinq,	868 l.
Trente ſix,	892 l. 16 ſ.
Trente ſept,	917 l. 12 ſ.
Trente huict,	942 l. 8 ſ.
Trente neuf,	967 l. 4 ſ.
Quarante,	992 l.
Quarante vn,	1016 l. 16 ſ.
Quarante deux,	1041 l. 12 ſ.
Quarante trois,	1066 l. 8 ſ.

Quarante quatre,	1091 l. 4 f.
Quarante cinq,	1116 l.
Quarante fix,	1140 l. 16 f.
Quarante fept,	1165 l. 12 f.
Quarante huict,	1190 l. 8 f.
Quarante neuf,	1215 l. 4 f.
Cinquante,	1240 l.
Cinquante vn,	1264 l. 16 f.
Cinquante deux,	1289 l. 12 f.
Cinquante trois,	1314 l. 8 f.
Cinquante quatre,	1339 l. 4 f.
Cinquante cinq,	1364 l.
Cinquante fix,	1388 l. 16 f.
Cinquante fept,	1413 l. 12 f.
Cinquante huict,	1438 l. 8 f.
Cinquante neuf,	1463 l. 4 f.
Soixante,	1488 l.
Soixante vn,	1512 l. 16 f.
Soixante deux,	1537 l. 12 f.
Soixante trois,	1562 l. 8 f.
Soixante quatre,	1587 l. 4 f.
Soixante cinq,	1612 l.
Soixante fix,	1636 l. 16 f.
Soixante fept,	1661 l. 12 f.
Soixante huict,	1686 l. 8 f.
Soixante neuf,	1711 l. 4 f.
Soixante dix,	1736 l.
Soixante onze,	1760 l. 16 f.
Soixante douze,	1785 l. 12 f.
Soixante treize,	1810 l. 8 f.
Soixante quatorze,	1835 l. 4 f.

Soixan-

Soixante quinze,	1860 l.
Soixante seize,	1884 l. 16 s.
Soixante dix sept,	1909 l. 12 s.
Soixante dix huict,	1934 l. 8 s.
Soixante dix neuf,	1959 l. 4 s.
Quatre vingt,	1984 l.
Quatre vingt vn,	2008 l. 16 s.
Quatre vingt deux,	2033 l. 12 s.
Quatre vingt trois,	2058 l. 8 s.
Quatre vingt quatre,	2083 l. 4 s.
Quatre vingt cinq,	2108 l.
Quatre vingt six,	2132 l. 16 s.
Quatre vingt sept,	2157 l. 12 s.
Quatre vingt huict,	2182 l. 8 s.
Quatre vingt neuf,	2207 l. 4 s.
Quatre vingt dix,	2232 l.
Quatre vingt onze,	2256 l. 16 s.
Quatre vingt douze,	2281 l. 12 s.
Quatre vingt treize,	2306 l. 8 s.
Quatre vingt quatorze,	2331 l. 4 s.
Quatre vingt quinze,	2356 l.
Quatre vingt seize,	2380 l. 16 s.
Quatre vingt dix sept,	2405 l. 12 s.
Quatre vingt dix huict,	2430 l. 8 s.
Quatre vingt dix neuf,	2455 l. 4 s.
Cent,	2480 l.
Deux cens,	4960 l.
Trois cens,	7440 l.
Quatre cens,	99·0 l.
Cinq cens,	124 ·0 l.
	24800 l.

FRANCS.

LE GRAIN, 1 d. semip. $\frac{1}{24}$
Deux grains, 2 d. p. semipite.

Trois,	3 d. ob.
Quatre,	4 d. ob. p.
Cinq,	5 d. p. semip.
Six,	7 d. semip. $\frac{6}{24}$
Sept,	8 d. p.
Huict,	9 d. ob.
Neuf,	10 d. ob. semip.
Dix,	11 d. ob. pite.
Onze,	1 s. 1 d. ob. pite sem.
Douze,	1 s. 2 d. p. $\frac{1}{24}$
Treize,	1 s. 3 d. ob.
Quatorze,	1 s. 4 d. ob. semip.
Quinze,	1 s. 5 d. ob. semip.
Seize,	1 s. 7 d.
Dix sept,	1 s. 8 d. pite.
Dix huict,	1 s. 9 d. p. semip.
Dix neuf,	1 s. 10 d. ob. semip.
Vingt,	1 s. 11 d. ob. pite.
Vingt vn,	2 s. 1 d.
Vingt deux,	2 s. 2 d. semip.
Vingt trois,	2 s. 3 d. p. semip.
LE DENIER,	2 s. 4 d. ob. semip.
Le demy Gros,	3 s. 6 d. ob. p. semip. $\frac{1}{24}$
LE GROS,	7 s. 1 d. p. semip.

Deux,	14 f. 3 d. ob. pite.
Trois,	1 l. 1 f. 5. d. ob. p. femip.
Quatre,	1 l. 8. f. 7. d. ob.
Cinq,	1 l. 15 f. 9. d. p. femip.
Six,	2 l. 2. f 11. d. p.
Sept,	2 l. 10 f. 1 d. femip.
L'ONCE,	2. l. 17 f. 3 d.
Deux,	5 l. 14 f. 6 d.
Trois,	8 l. 11 f. 9 d.
Quatre,	11 l. 9 f..
Cinq,	14 l. 6 f 6
Six,	17 l. 3 f. ......
Sept,	20 l....
LE MARC,	22 l. 18 f.
Deux,	45 l. 16 f.
Trois,	68 l. 14 f.
Quatre,	91 l. 12 f.
Cinq,	114 l. 10 f.
Six,	137 l. 8 f.
Sept,	160 l. 6 f.
Huict,	183 l. 4 f.
Neuf,	206 l. 2 f.
Dix,	229 l.
Onze,	251 l. 18 f.
Douze,	274 l. 16 f.
Treize,	297 l. 14 f
Quatorze,	320 l. 12 f.
Quinze,	343 l. 10 f.
Seize,	366 l. 6 f.
Dixfept.	389 l. 8 f.
Dixhuict,	4 2 l. 4 f.

Dix neuf,	435 l. 2 ſ.
Vingt,	458 l.
Vingt vn,	480 l. 18 ſ.
Vingt deux,	503 l. 16 ſ.
Vingt trois,	526 l. 14 ſ.
Vingt quatre,	549 l. 12 ſ.
Vingt cinq,	572 l. 10 ſ.
Vingt ſix,	595 l. 8 ſ.
Vingt ſept,	618 l. 6 ſ.
Vingt huict,	641 l. 4 ſ.
Vingt neuf,	664 l. 2 ſ.
Trente,	687 l.
Trente vn,	709 l. 18 ſ.
Trente deux,	732 l. 16 ſ.
Trente trois,	775 l. 14 ſ.
Trente quatre,	778 l. 12 ſ.
Trente cinq,	801 l. 10 ſ.
Trente ſix,	824 l. 8 ſ.
Trente ſept,	847 l. 6 ſ.
Trente huict,	870 l. 4 ſ.
Trente neuf,	893 l. 2 ſ.
Quarante,	916 l.
Quarante vn,	938 l. 18 ſ.
Quarante deux,	961 l. 16 ſ.
Quarante trois,	984 l. 14 ſ.
Quarante quatre,	1007 l. 12 ſ.
Quarante cinq,	1030 l. 10 ſ.
Quarante ſix,	1053 l. 8 ſ.
Quarante ſept,	1076 l. 6 ſ.
Quarante huict,	1099 l. 4 ſ.
Quarante neuf,	1122 l. 2 ſ.

Cinquante,	1145 l.
Cinquante vn,	1167 l. 18 ſ.
Cinquante deux,	1190 l. 16 ſ.
Cinquante trois,	1213 l. 14 ſ.
Cinquante quatre,	1236 l. 12 ſ.
Cinquante cinq,	1259 l. 10 ſ.
Cinquante ſix,	1282 l. 8 ſ.
Cinquante ſept,	1305 l. 6 ſ.
Cinquante huict,	1328 l. 4 ſ.
Cinquante neuf,	1351 l. 2 ſ.
Soixante,	1374 l.
Soixante vn,	1396 l. 18 ſ.
Soixante deux,	1419 l. 16 ſ.
Soixante trois,	1442 l. 14 ſ.
Soixante quatre,	1465 l. 12 ſ.
Soixante cinq,	1488 l. 10 ſ.
Soixante ſix,	1511 l. 8 ſ.
Soixante ſept,	1534 l. 6 ſ.
Soixante huict,	1557 l. 4 ſ.
Soixante neuf,	1580 l. 2 ſ.
Soixante dix,	1603 l.
Soixante onze,	1625 l. 18 ſ.
Soixante douze,	1648 l. 16 ſ.
Soixante treize,	1671 l. 14 ſ.
Soixante quatorze,	1694 l. 12 ſ.
Soixante quinze,	1717 l. 10 ſ.
Soixante ſeize,	1740 l. 8 ſ.
Soixante dix ſept,	1763 l. 6 ſ.
Soixante dix huict,	1786 l. 4 ſ.
Soixante dix neuf,	1809 l. 2 ſ.
Quatre vingt,	1832 l.

Quatre vingt vn, 1854 l. 18 ſ.
Quatre vingt deux, 1877 l. 16 ſ.
Quatre vingt trois, 1900 l. 14 ſ.
Quatre vingt quatre, 1923 l. 12 ſ.
Quatre vingt cinq, 1946 l. 10 ſ.
Quatre vingt ſix, 1969 l. 8 ſ.
Quatre vingt ſept, 1992 l. 6 ſ.
Quatre vingt huict, 2015 l. 4 ſ.
Quatre vingt neuf, 2038 l. 2 ſ.
Quatre vingt dix, 2061 l.
Quatre vingt onze, 2083 l. 18 ſ.
Quatre vingt douze, 2106 l. 16 ſ.
Quatre vingt treize, 2129 l. 14 ſ.
Quatre vingt quatorze, 2152 l. 12 ſ.
Quatre vingt quinze, 2175 l. 10 ſ.
Quatre vingt ſeize, 2198 l. 8 ſ.
Quatre vingt dix ſept, 2221 l. 6 ſ.
Quatre vingt dix huict, 2244 l. 4 ſ.
Quatre vingt dix neuf, 2267 l. 2 ſ.
Cent, 2290 l.
Deux cens, 4580 l.
Trois cens, 6870 l.
Quatre cens, 9160 l.
Cinq cens, 11450 l.
Mil, 22900 l.

PIECES D'ARGENT ESTRANGERES.

REALLES D'ESPAGNE, Ducatons d'Auignon, de Flandre, & Chelins d'Angleterre, au mesme prix que le Quart d'Escu pour le Marc, & les diminutions à proportion.

PHILIPPES-DALLES de Flandre, Patagons, Risdalles, Testons d'Orange, le Marc de mesme prix comme celuy des Francs, & les diminutions à proportion.

Ducatons de Milan, Florence, Sauoye, Venise, & Parme.

LE GRAIN,	1 d. pite $\frac{62}{192}$ de p.
Deux Grains,	2 d. obole.
Trois,	4 d.
Quatre,	5 d. pite.

Cinq,	6 d. ob.
Six,	8 d.
Sept,	9 d. p.
Huict,	10 d. ob.
Neuf,	1 ſ.
Dix,	1 ſ. 1 d. p.
Onze,	1 ſ. 2 d. ob.
Douze,	1 ſ. 4 d.
Treize,	1 ſ. 5 d. p.
Quatorze,	1 ſ. 6 d. ob.
Quinze,	1 ſ. 8 d.
Seize,	1 ſ. 9 d. p.
Dixſept,	1 ſ. 10 d. ob.
Dixhuict,	2 ſ.
Dixneuf,	2 ſ. 1 d. p.
Vingt,	2 ſ. 2 d. ob.
Vingt vn,	2 ſ. 4 d.
Vingt deux,	2 ſ. 5 d. p.
Vingt trois,	2 ſ. 6 d. ob.
LE DENIER,	2 ſ. 8 d ſe. $\frac{1}{8}$ de p.
Le demy-Gros,	4 ſ. ſemip.
LE GROS,	8 ſ. p. ſem. $\frac{9}{14}$ dep.
Deux,	16 ſ. ob. p. ſemip.
Trois,	1 l. 4 ſ. 1 d. p. ſe.
Quatre,	1 l. 12 ſ. 1 d. o. p. ſe.
Cinq,	2 l. .... 2 d. p.
Six,	2 l. 8 ſ. 2 d. ob. p.
Sept,	2 l. 16 ſ. 3 d. p.
L'ONCE,	3 l. 4 ſ. 3 d. ob. p.
Deux,	6 l. 8 ſ. 7 d. ob.
Trois,	9 l. 12 ſ. 11 d. p.

Quatre,

Quatre,	12 l. 17 ſ. 3. d.
Cinq,	16 l. 1 ſ. 6 d. ob. p.
Six,	19 l. 5. ſ. 10 d. ob.
Sept,	22 l. 10 ſ. 2 d p.
LE MARC,	25 l. 14 ſ. 6. d.
Deux,	51 l. 9 ſ.
Trois,	77 l. 3 ſ. 6 d.
Quatre,	102 l. 18 ſ.
Cinq,	128 l. 12 ſ. 6 d.
Six,	154 l. 7 ſ.
Sept,	180 l. 1 ſ. 6 d.
Huict,	205 l. 16 ſ.
Neuf,	231 l. 10 ſ. 6 d.
Dix,	257 l. 5 ſ.
Onze,	282 l. 19 ſ. 6 d.
Douze,	308 l. 14 ſ.
Treize,	334 l. 8 ſ. 6 d.
Quatorze,	360 l. 3 ſ.
Quinze,	385 l. 17 ſ. 6 d.
Seize,	411 l. 12 ſ.
Dix ſept,	437 l. 6 ſ. 6 d.
Dix huict,	463 l. 1 ſ.
Dix-neuf,	488 l. 15 ſ. 6 d.
Vingt,	514 l. 10 ſ.
Vingt vn,	540 l. 4 ſ 6 d.
Vingt deux,	565 l. 19 ſ.
Vingt trois,	591 l. 13 ſ. 6 d.
Vingtquatre,	617 l. 8 ſ.
Vingt cinq,	643 l. 2 ſ. 6 d.
Vingt ſix,	668 l. 17 ſ.
Vingt ſept,	694 l. 11 ſ. 6 d.

Vingt huict,	720 l. 6 s.
Vingt neuf,	746 l..... 6. d
Trente,	771 l. 15 s.
Trente vn,	797 l. 9 s. 6 d.
Trente deux,	823 l. 4 s.
Trente trois,	848 l. 18 s. 6 d.
Trente quatre,	874 l. 13 s.
Trente cinq,	900 l. 7 s. 6 d.
Trente six,	926 l. 2 s.
Trente sept,	951 l. 16 s. 6 d.
Trente huict,	977 l. 11 s.
Trente neuf,	1003 l. 5 s. 6 d.
Quarante,	1029 l.
Quarante vn,	1054 l. 14 s. 6 d.
Quarante deux,	1080 l. 9 s.
Quarante trois,	1106 l. 3 s. 6 d.
Quarante quatre,	1131 l. 18 s.
Quarante cinq,	1157 l. 12 s. 6 d.
Quarante six,	1183 l. 7 s.
Quarante sept,	1209 l. 1 s. 6 d.
Quarante huict,	1234 l. 16 s.
Quarante neuf,	1260 l. 10 s. 6 d.
Cinquante,	1286 l. 5 s.
Cinquante vn,	1311 l. 19 s. 6 d.
Cinquante deux,	1337 l. 14 s.
Cinquante trois,	1363 l. 8 s. 6 d
Cinquante quatre,	1389 l. 3 s.
Cinquante cinq,	1414 l. 17 s. 6 d.
Cinquante six,	1440 l. 12 s.
Cinquante sept,	1466 l. 6 s. 6 d.
Cinquante huict,	1492 l. 1 s.

Cinquante neuf,	1517 l. 15	f. 6 d.
Soixante,	1543 l. 10	f.
Soixante vn,	1569 l. 4	f. 6 d.
Soixante deux,	1594 l. 19	f.
Soixante trois,	1620 l. 13	f. 6 d.
Soixante quatre,	1646 l. 8	f.
Soixante cinq,	1672 l. 2	f. 6 d.
Soixante fix,	1697 l. 17	f.
Soixante fept,	1723 l. 11	f. 6 d.
Soixante huict,	1749 l. 6	f.
Soixante neuf,	1775 l. . . .	6 d.
Soixante dix,	1800 l. 15	f.
Soixante onze,	1826 l. 9	f. 6 d.
Soixante douze,	1852 l. 4	f.
Soixante treize,	1877 l. 18	f. 6 d.
Soixante quatorze,	1903 l. 13	f.
Soixante quinze,	1929 l. 7	f. 6 d.
Soixante feize,	1955 l. 2	f.
Soixante dix fept,	1980 l. 16	f. 6 d.
Soixante dix huict,	2006 l. 11	f.
Soixante dix neuf,	2032 l. 5	f. 6 d.
Quatre vingt,	2058 l.	
Quatre vingt vn,	2083 l. 14	f. 6 d.
Quatre vingt deux,	2109 l. 9	f.
Quatre vingt trois,	2135 l. 3	f. 6 d.
Quatre vingt quatre,	2160 l. 18	f.
Quatre vingt cinq,	2186 l. 12	f. 6 d.
Quatre vingt fix,	2212 l. 7	f.
Quatre vingt fept,	2238 l. 1	f. 6 d.
Quatre vingt huict,	2263 l. 16	f.
Quatre vingt neuf,	2289 l. 10	f. 6 d.

Quatre vingt dix,	2315 l. 5 ſ.
Quatre vingt onze,	2340 l. 19 ſ. 6 d.
Quatre vingt douze,	2366 l. 14 ſ.
Quatre vingt treize,	2392 l. 8 ſ. 6 d.
Quatre vingt quatorze,	2418 l. 3 ſ.
Quatre vingt quinze,	2443 l. 17 ſ. 6 d.
Quatre vingt ſeize,	2469 l. 12 ſ.
Quatre vingt dix ſept,	2495 l. 6 ſ. 6 d.
Quatre vingt dix huit,	2521 l. 1. ſ.
Quatre vingt dix neuf,	2546 l. 15 ſ. 6 d.
Cent,	2572 l. 10 ſ.
Deux cens,	5145 l.
Trois cens,	7717 l. 10 ſ.
Quatre cens,	10290 l.
Cinq cens,	12862 l. 10 ſ.
Six cens,	15435 l.
Sept cens,	18007 l. 10 ſ.
Huict cens,	20580 l.
Neuf cens,	23152 l. 10 ſ.
Mil,	25725 l.

Pieces des Prouinces vnies, de Frize dites Gros Bonnet, de Zelande à l'Aigle, de Liege non contrefaites, de Mets, Dole, Besançon, & de cinq sols d'Auignon, Dalles au Lyon, & Testons de Lorraine de diuerses fabrications.

LE GRAIN,	1 d $\frac{5}{24}$ de p.
Deux Grains,	2 d.
Trois,	3 d. ſemip.
Quatre,	4 d. ſemip.
Cinq,	5 d. p.
Six,	6 d. p.
Sept,	7 d. p.
Huict,	8 d. p. ſemip.
Neuf,	9 d. p. ſemip.
Dix,	10 d. ob.
Onze,	11 d. ob.
Douze,	1 ſ. ... ob. ſemip.
Treize,	1 ſ. 1 d. ob. ſemip.
Quatorze	1 ſ. 2 d. ob. ſemip.
Quinze,	1 ſ. 3 d. ob. p.
Seize,	1 ſ. 4 d. ob p.

Dix sept,	1 ſ 5 d. ob. p. ſemip.
Dix huict,	1 ſ. 6 d. ob. p. ſemip.
Dix neuf,	1 ſ. 7 d. ob. p. ſemip.
Vingt,	1 ſ. 9 d.
Vingt vn,	1 ſ. 10 d.
Vingt deux,	1 ſ. 11 d. ſemip.
Vingt trois,	2 ſ. ..... ſemip.
Le DENIER,	2 ſ. 1 d. p.
Le Demy Gros,	3 ſ. 1 d. ob. p. ſemip.
Le GROS,	6 ſ. 3 d. ob. p.
Deux,	12 ſ. 7 d. ob.
Trois,	18 ſ. 11 d. p.
Quatre,	1 l. 5 ſ. 3 d.
Cinq,	1 l. 11 ſ. 6 d. ob. p.
Six,	1 l. 17 ſ. 10 d. ob.
Sept,	2 l. 4 ſ. 2 d. p.
L'ONCE,	2 l. 10 ſ. 6 d.
Deux,	5 l. 1 ſ.
Trois,	7 l. 11 ſ. 6 d.
Quatre,	10 l. 2 ſ.
Cinq,	12 l. 12 ſ. 6 d.
Six,	15 l. 3 ſ.
Sept,	17 l. 13 ſ. 6 d.
Le MARC,	20 l. 4 ſ.
Deux,	40 l. 8 ſ.
Trois,	60 l. 12 ſ.
Quatre,	80 l. 16 ſ.
Cinq,	101 l.
Six,	121 l. 4 ſ.
Sept,	141 l. 8 ſ.
Huict,	161 l. 12 ſ.

Neuf,	181 l. 16. ſ.
Dix,	202 l.
Onze,	222 l. 4 ſ.
Douze,	242 l. 8 ſ.
Treize,	262 l. 12 ſ.
Quatorze,	282 l. 16 ſ.
Quinze,	303 l.
Seize,	323 l. 4 ſ.
Dix ſept,	343 l. 8 ſ.
Dix huict,	363 l. 12 ſ.
Dix neuf,	383 l. 16 ſ.
Vingt,	404 l.
Vingt vn,	424 l. 4 ſ.
Vingt deux,	444 l. 8 ſ.
Vingt trois,	464 l. 12 ſ.
Vingt quatre,	484 l. 16 ſ.
Vingt cinq,	505 l.
Vingt ſix,	525 l. 4 ſ.
Vingt ſept,	545 l. 8 ſ.
Vingt huict,	565 l. 12 ſ.
Vingt neuf,	585 l. 16 ſ.
Trente,	606 l.
Trente vn,	626 l. 4 ſ.
Trente deux,	646 l. 8 ſ.
Trente trois,	666 l. 12. ſ.
Trente quatre,	686 l. 16 ſ.
Trente cinq,	707 l.
Trente ſix,	727 l. 4 ſ.
Trente ſept,	747 l. 8 ſ.
Trente huict,	767 l. 12 ſ.
Trente neuf,	787 l. 16 ſ.

Quarante,	808 l.
Quarante vn,	828 l. 4 ſ.
Quarante deux,	848 l. 8 ſ.
Quarante trois,	868 l. 12 ſ.
Quarante quatre,	888 l. 16 ſ.
Quarante cinq,	909 l.
Quarante ſix,	929 l. 4 ſ.
Quarante ſept,	949 l. 8 ſ.
Quarante huict,	969 l. 12 ſ.
Quarante neuf,	989 l. 16 ſ.
Cinquante,	1010 l.
Cinquante vn,	1030 l. 4 ſ.
Cinquante deux,	1050 l. 8 ſ.
Cinquante trois,	1070 l. 12 ſ.
Cinquante quatre,	1090 l. 16 ſ.
Cinquante cinq,	1111 l.
Cinquante ſix,	1131 l. 4 ſ.
Cinquante ſept,	1151 l. 8 ſ.
Cinquante huict,	1171 l. 12 ſ.
Cinquante neuf,	1191 l. 16 ſ.
Soixante,	1212 l.
Soixante vn,	1232 l. 4 ſ.
Soixante deux,	1252 l. 8 ſ.
Soixante trois,	1272 l. 12 ſ.
Soixante quatre,	1292 l. 16 ſ.
Soixante cinq,	1313 l.
Soixante ſix,	1333 l. 4 ſ.
Soixante ſept,	1353 l. 8 ſ.
Soixante huict,	1373 l. 12 ſ.
Soixante neuf,	1393 l. 16 ſ.
Soixante dix,	1414 l.

Soixante onze,	1434 l. 4 ſ.
Soixante douze,	1454 l 8 ſ.
Soixante treize,	1474 l. 12 ſ.
Soixante quatorze,	1494 l. 16 ſ.
Soixante quinze,	1515 l.
Soixante ſeize,	1535 l. 4 ſ.
Soixante dix ſept,	1555 l. 8 ſ.
Soixante dix huict,	1575 l. 12 ſ.
Soixante dix neuf,	1595 l. 16 ſ.
Quatre vingt,	1616 l.
Quatre vingt vn,	1636 l. 4 ſ.
Quatre vingt deux,	1656 l. 8 ſ.
Quatre vingt trois,	1676 l. 12 ſ.
Quatre vingt quatre,	1696 l. 16 ſ.
Quatre vingt cinq,	1717 l.
Quatre vingt ſix,	1737 l. 4 ſ.
Quatre vingt ſept,	1757 l. 8 ſ.
Quatre vingt huict,	1777 l. 12 ſ.
Quatre vingt neuf,	1797 l. 16 ſ.
Quatre vingt dix,	1818 l.
Quatre vingt onze,	1838 l. 4 ſ.
Quatre vingt douze,	1858 l. 8 ſ.
Quatre vingt treize,	1878 l. 12 ſ.
Quatre vingt quatorze,	1898 l. 16 ſ.
Quatre vingt quinze,	1919 l.
Quatre vingt ſeize,	1939 l. 4 ſ.
Quatre vingt dix ſept,	1959 l. 8 ſ.
Quatre vingt dix huict,	1979 l. 12 ſ.
Quatre vingt dix neuf,	1999 l. 16 ſ.
Cent,	2020 l.
Deux cens,	4040 l.

Trois cens,	6060 l.
Quatre cens,	8080 l.
Cinq cens,	10100 l.
Six cens,	12120 l.
Sept cens,	14140 l.
Huict cens,	16160 l.
Neuf cens,	18180 l.
Mil,	20200 l.

L'an mil six cens quarante-vn, le Mercredy 27. Nouembre, l'Edict du Roy & Arrest cy-dessur portant nouuelle fabrication d'Especes d'argent, augmentation du marc d'argent le Roy, & des Quarts d'escu, Testons, & Francs aux coins & armes de sa Majesté, estans de leur iuste poids, & continuation du prix desdites especes, auec le remede des grains iusques au dernier Mars prochain, & de l'exposition des especes d'argent legeres; & outre vn droict de Seigneuriage sur les ouurages d'Orfeurerie & Tireure d'or, auec la nouuelle eualuatiõ, a esté leu & publié à son de Trompe & cry public, aux Carrefours & autres lieux, tant ordinaires qu'extraordinaires de cette Ville & Faux-bourgs de Paris, en la presence de nous Iean Gerin premier Huißier en ladite Cour des Monnoyes, Iacques Blondel, & Michel Rebours, Huißiers en icelle soubsignez, par Iean Ioßier Iuré Crieur en ladite Ville, Preuosté & Vicomté de

Paris, accompagné de trois Trompettes, Commis de Pierre Gilbert, Gentian le Chable, & Noiret, Iurez Trompettes du Roy esdits lieux. Comme aussi ont esté lesdits Edict & Arrest affichez par nous en tous les lieux accoustumez de ladite Ville & Fauxbourgs de Paris, à ce qu'aucun n'en pretende cause d'ignorance. Signé, Gerin, Blondel & Rebours.

Collationné aux Originaux par moy Conseiller & Secretaire du Roy, Maison & Couronne de France & de ses Finances, Greffier en chef de la Cour des Monnoyes soussigné.

INSTRVCTION POVR LA connoissance du Marc, & des poids qui le composent.

LE Marc est composé de huict Onces en huict poids.

Le premier qui est la boëtte, peze quatre Onces autant que les sept autres.

Le deuxiéme, deux Onces autant que les six.

Le troisiéme, vne Once autant que les cinq.

Le quatriéme, demy-Once autant que les quatre.

Le cinquiéme, deux Gros autant que les trois.

Le sixiéme, vn Gros autant que les deux.

Le septiéme, demy Gros autãt que le huict.

L'Once est composée de huict Gros.

La demye Once de quatre Gros.

Le Gros est composé de trois deniers, qui font soixante & douze Grains.

Le demy Gros de trente-six Grains.

Le Denier de vingt-quatre Grains.

TABLE DES ESPECES, ET PRIX d'icelles, auec leur poids éualué au poids du Marc, contenuës au present Edict.

S

FIN.

Extraict du Priuilege du Roy.

PAr Grace & Priuilege du Roy, il eſt permis à SEBASTIEN CRAMOISY, Imprimeur ordinaire du Roy en ſa Cour des Monnoyes, d'imprimer tous les Edits, Ordonnances, Reglemens, Arreſts & toutes autres choſes concernans le fait des Monnoyes ; faiſant defenſes à toutes perſonnes de quelque eſtat, qualité & condition qu'elles ſoient, d'imprimer ou faire imprimer aucunes choſes concernans le fait des Monnoyes, à peine de confiſcation de tout ce qui ſe trouuera auoir eſté imprimé, de tous dépens, dommages & intereſts, & d'amende arbitraire, comme il eſt porté par ledit Priuilege. Donné à Lyon le vingt-cinquiéme iour de Iuillet, mil ſix cens vingt-neuf. Signé, Par le Roy en ſon Conſeil, POITEVIN. & ſeellé du grand ſeel ſur ſimple queuë en cire iaune.

EXTRAICT DES REGISTRES de la Cour des Monnoyes.

ENTRE Sebastien Cramoisy, Marchand Libraire Imprimeur Iuré en l'Vniuersité de Paris, & Imprimeur ordinaire du Roy, des Edits, Ordonnances, Arrests & Reglemens, & toutes autres choses concernans le fait des Monnoyes, demandeur aux fins de l'exploict du vingt-deuxiéme de ce mois, & en requeste verbale iudiciairement faite à la Cour, le vingt troisiéme dudit mois, tendant à ce que le defendeur cy-apres nommé, soit condamné par saisie de ses biens, & emprisonnement de sa personne, de rapporter les formes & planches, sur lesquelles il a imprimé vn Edict intitulé, la Reformation de la Cour des Monnoyes: ensemble les copies imprimées sur icelles, & voir dire qu'elles seront rompuës & difformées, & que defenses luy seront faites & à tous autres Imprimeurs, de plus imprimer aucune chose concernant le fait desdites Monnoyes, troubler ny empescher le demandeur en la fonction & exercice de sondit Estat & Office, à peine de mil liures d'amende, & de tous dépens, dommages & interests; & pour le trouble par luy apporté il soit condamné aux dépens de la presente instance, d'vne part: Et Guillaume Citerne Imprimeur en ladite Vniuersité de Paris, defendeur d'autre. Apres que Labeille pour ledit Cramoisy, & Fourel pour ledit Citerne ont esté ouys, ensemble de la Cour pour le Procureur general du Roy: LA COUR a maintenu & maintient ledit Cramoisy en la possession d'imprimer les Edicts, Declarations, Arrests, Ordonnances, & Reglemens sur le fait des Monnoyes, a fait & fait inhibitions & defenses audit Citerne & à tous Imprimeurs, d'en imprimer ou faire imprimer, vendre & debiter aucuns, à peine de cinq cens liures d'amende, ou plus grande peine s'il y échet. Fait pareillement defenses à tous Colleporteurs, de crier & vendre desdits Edicts, Declarations, Arrests, Ordonnances & Reglemens sur le fait des Monnoyes, s'ils n'ont esté imprimez par ledit Cramoisy, sur les mesmes peines. Enioignant ladite Cour audit Citerne, de rapporter dans trois iours au Greffe de ladite Cour, la planche & les exemplaires qui luy restent à distribuer de l'Edict dernier, sur la confirmation de la Souueraineté de la Cour, sans dépens. FAIT en la Cour des Monnoyes le vingt-quatriéme Ianuier 1636.

Signé, DELAISTRE.

EXTRAICT DES REGISTRES de la Cour des Monnoyes.

ENTRE Sebastien Cramoisy, Marchand Libraire Iuré en l'Vniuersité de Paris, & seul Imprimeur du Roy pour le fait des Monnoyes, demandeur aux fins de l'exploict du vingt-huictiesme Iuillet mil six cens trente-six, tendant à ce que les exemplaires de la Declaration de sa Maiesté, & nouueau Reglement sur le fait des Monnoyes, ensemble les figures & portraits desdites Monnoyes empraintes sur les Declarations saisies sur le defendeur cy apres nommé, soient confisquez au profit du demandeur, & pour la contrauention faite par ledit defendeur ausdits Edicts, Lettres Patentes du Roy, & Arrest de ladite Cour, ledit defendeur soit condamné en trois mil liures d'amende applicable au profit dudit demandeur, en tous ses despens, dómages & interests, mesme en ceux reseruez par l'Arrest du Conseil Priué du Roy du 26. Octobre dernier, d'vne part. Et Anthoine Cheuillot Imprimeur du Roy, demeurant à Troyes, defendeur d'autre; Et encore le Procureur general du Roy en ladite Cour, interuenant d'autre part. Apres que Lambin Aduocat pour le demandeur, & Martin pour le defendeur, ensemble du Duit pour le Procureur general ont esté ouys : LA COVR a declaré & declare la saisie faite sur le defendeur à la requeste du demandeur, des feüilles, exemplaires, figures, portraicts, & bois, bonne & valable ; ordonne qu'elles demeureront confisquées au profit du demandeur, & à la representation d'iceux seront les gardiens cótraints par toutes voyes deuës & raisonnables, mesme par emprisonnement de leurs personnes, comme depositaires de biens de Iustice, quoy faisant demeureront déchargez ; a fait & fait inhibitions & defenses audit defendeur contreuenir ny entreprendre sur le droict dudit Cramoisy, ny imprimer à l'aduenir aucune chose concernant le fait des Monnoyes, ny mesme contrefaire aux imprimez par le demandeur, sur les peines portées par l'Ordonnance, & condamne le defendeur aux dommages & interests enuers le demandeur, & en tous les despens, mesmes ceux reseruez par l'Arrest du Conseil. Faict en la Cour des Monnoyes, le quatriesme May mil six cens trente-huict. Signé, Delaistre.

Avtre Arrest de ladite Cour des Monnoyes, en datte du quinziéme May mil six cens trente-sept, entre ledit Cramoisy & Iacques Mauclerc, Imprimeur d'Angoulesme, portant confiscation des figures sur luy saisies au profit dudit Cramoisy, auec defense d'entreprendre à l'aduenir de faire de tels exemplaires & impressions, ny mesme supposer le nom, à peine d'amende, & condemnation de trois cens liures, pour les dommages & interests dudit Cramoisy, & aux dépens. Signé, Delaistre.

Avtres Arrests de ladite Cour des Monnoyes, en datte du vingt-sixiéme Ianuier mil six cens quarante-vn, entre ledit Cramoisy & André Arnaud Libraire à Saumur, & Claude Rezé, Imprimeur à Angoulesme; & encore entre ledit Cramoisy, & Antoine Barbou Libraire à Limoge, en datte du vingt-sixiéme Auril mil six cens quarante-vn, portans defenses audit Arnaud, Rezé & Barbou, & tous autres Libraires & Imprimeurs, d'entreprendre aucune chose sur le fait des Monnoyes, aux condemnations portées par lesdits Arrests. Signé, Delaistre.

www.ingramcontent.com/pod-product-compliance
Lightning Source LLC
LaVergne TN
LVHW012113170826
845678LV00001BA/86